Prävention bewegungsmangelbedingter Gesundheitsprobleme bei Erwachsenen

David Winkelmann

Bibliografische Information der Deutschen Nationalbibliothek:

Die Deutsche Nationalbibliothek verzeichnet diese Publikation in der Deutschen Nationalbibliografie; detaillierte bibliografische Daten sind im Internet über http://dnb.d-nb.de abrufbar.

ISBN: 9783346827586
Dieses Buch ist auch als E-Book erhältlich.

© GRIN Publishing GmbH
Nymphenburger Straße 86
80636 München

Druck und Bindung: Books on Demand GmbH, Norderstedt Germany
Gedruckt auf säurefreiem Papier aus verantwortungsvollen Quellen

Das Buch bei GRIN: https://www.grin.com/document/1331127

Deutsche Hochschule für
Prävention und Gesundheitsmanagement
Hermann-Neuberger-Sportschule 3
66123 Saarbrücken

Name, Vorname	Winkelmann, David
Studiengang	Sportökonomie
Studienmodul	Gesundheitsmanagement im Sport
Datum Präsenzphase (siehe Ergebnisdokumentation)	12.12-14.12.2022
Aufgabe	Konzept zur Prävention bewegungsmangelbedingter Gesundheitsprobleme bei Erwachsenen im Erwerbsalter durch gesundheitssportliche Aktivität

Inhaltsverzeichnis

Herz-Kreislauf-Erkrankungen sind weltweit die häufigste Todesursache. Im Jahr 2019 starben schätzungsweise 17,9 Millionen Menschen an Herz-Kreislauf-Erkrankungen. Dies entspricht 32 % aller Todesfälle weltweit (WHO, 2021). Von diesen Todesfällen waren 85 % auf Herzinfarkt und Schlaganfall zurückzuführen. Mehr als drei Viertel der Todesfälle durch Herz-Kreislauf-Erkrankungen ereignen sich in Ländern mit niedrigem und mittlerem Einkommen. Von den 17 Millionen vorzeitigen Todesfällen (unter 70 Jahren) aufgrund von nichtübertragbaren Krankheiten im Jahr 2019 waren 38 % auf Herz-Kreislauf-Erkrankungen zurückzuführen. (WHO, 2021)

Die meisten Herz-Kreislauf-Erkrankungen können verhindert werden, indem man sich mit verhaltensbedingten Risikofaktoren wie Tabakkonsum, ungesunder Ernährung und Übergewicht, Bewegungsmangel und schädlichem Alkoholkonsum befasst. Die Pandemie unserer Zeit ist also unter anderem der Bewegungsmangel und die daraus resultierenden „Zivilisationskrankheiten".

Die vorliegende Einsendeaufgabe beschäftigt sich mit dem Schwerpunktthema: „Konzept zur Prävention bewegungsmangelbedingter Gesundheitsprobleme bei Erwachsenen im Erwerbsalter durch gesundheitssportliche Aktivität".

1 Bewegungsempfehlungen und Bewegungsverhalten

Im Folgenden werden die Leitlinien zur Bewegungsempfehlung sowie das aktuelle Bewegungsverhalten von Erwachsenen im Erwerbsalter analysiert. So soll die Grundlage für das Gesundheitskonzept durch einen Soll-Ist-Vergleich geschaffen werden. Zum Schluss wird ein Fazit gezogen

Um ein Grundverständnis für den Unterschied von körperlicher- und sportlicher Aktivität zu schaffen, werden die Begriffe kurz definiert. Nach Wiemeyer und Hänsel (2017, S.4) bezeichnet körperliche Aktivität alle physischen Tätigkeiten des Menschen, die mit einem Anstieg des Energieverbrauchs über das Ruheniveau einhergehen. Hingegen sind sportliche Aktivitäten im Vergleich dazu strukturierte körperliche Aktivitäten, die häufig mit einer höheren Intensität durchgeführt werden und die typischen Bewegungsinszenierungen des Sports übernehmen.

Tabelle 1: Leitlinien für körperliche Aktivität und sitzende Lebensweise (eigene Darstellung)

Art der körperlichen Aktivität	• Aerobe körperliche Aktivität • Muskel kräftigende körperliche Aktivität für alle größeren Muskelgruppen • Reduzierung Sitzzeit durch körperliche Aktivität
Umfang	• Mindestens 150-300 Minuten moderat (aerob) oder mindestens 75-150 Minuten intensiv (aerob) • von beliebiger Dauer und ohne Mindestschwelle
Häufigkeit	• Verteilt auf mehrere Tage in der Woche, z.B. fünfmal 30 Minuten pro Woche • Mindestens zweimal pro Woche muskelstärkende Aktivitäten
Intensität	• Moderat bis intensive Intensität (Fließtext= Abweichungen und Ausgangssituation des Trainierenden)
Vollständige Literaturquelle	WHO (2020). *WHO guidelines on physical activity and sedentary behaviour.* World Health Organization. Lizenz: CC BY-NC-SA 3.0 IGO

Die Tabelle stellt die Leitlinie der WHO für die Art der körperlichen Aktivität, den Umfang, die Häufigkeit und Intensität vor. Verschiedene Arten von körperlicher Aktivität können beispielsweise Laufen, Walken, Joggen und Fahrrad fahren sein.

Inhalt der Leitlinie sind eine Empfehlung, die allerdings Ausnahmen zulassen.

Die Empfehlungen der WHO (2020) zeigen, dass Erwachsene im Alter von 18 bis 65 Jahren mindestens 150-300 Minuten mäßig intensive aerobe körperliche Aktivität oder mindestens 75-150 Minuten intensive aerobe körperliche Aktivität oder eine gleichwertige Kombination aus mäßig intensiver und intensiver Aktivität in der Woche von beliebiger Dauer und ohne Mindestschwelle ausüben sollten, um einen erheblichen Nutzen für die Gesundheit zu erzielen.

Erwachsenen wird außerdem empfohlen, an zwei oder mehr Tagen pro Woche mit mäßiger oder höherer Intensität muskelstärkende Aktivitäten durchzuführen, die alle großen Muskelgruppen einbeziehen.

Verteilt auf mehrere Tage in der Woche können Erwachsene ihre aerobe körperliche Aktivität von mittlerer Intensität auf mehr als 300 Minuten steigern oder mehr als 150 Minuten intensive aerobe körperliche Aktivität ausüben. Eine gleichwertige Kombination aus moderater und intensiver körperlicher Aktivität, um zusätzliche gesundheitliche Vorteile zu erzielen, ist auch möglich.

Für moderate sowie intensive körperliche Aktivität wird von der WHO der aerobe Leistungsbereich empfohlen. Hierfür kann der anaerobe und aerobe bis anaerobe Mischbereich zur Leistungssteigerung ausgeschlossen werden. Für die Empfehlung der WHO liegt der Fokus auf dem aeroben und aeroben bis anaeroben Mischbereich. Laut der American College of Sports Medicine (2006c) befindet sich dieser zwischen 50 % und 85 % von der maximalen Herzfrequenz.

Neben der Erhöhung von körperlicher Aktivität ist unbedingt darauf zu achten, sitzende Tätigkeiten zu begrenzen.

Das aktuelle Bewegungsverhalten wird nun mit den Empfehlungen der WHO verglichen. Weil der Ist-Zustand der körperlichen Aktivität auf der ganzen Welt Unterschiede aufweist, wird repräsentiv die deutsche Bevölkerung zur Bewertung des Bewegungsverhaltens herangezogen und auf den Vergleich des europäischen Durchschnitts begrenzt. Laut JAMA Oncology (2020) ist das Gesamtvolumen von sitzenden Tätigkeit ein potenzieller Risikofaktor für die Krebssterblichkeit. Es wird vermutet, dass Sitzen das neue Rauchen ist. Das Bewegung gesundheitliche Vorteile mit sich bringt ist bekannt, trotzdem erreichen über die Hälfte der Deutschen nicht die Empfehlungen der WHO.

In der Kategorie Ausdauer sind 42,6 % der Frauen und 48 % der Männer mindestens 2,5 Stunden pro Woche aktiv (Finger, Mensink, Lange & Manz, 2017, S.39).

Je höher der Bildungsstatus bei Frauen und Männer jeglicher Altersgruppe, desto häufiger wird die WHO-Empfehlung zur Ausdaueraktivität erreicht. Im EU-Durchschnitt erreichen nur 26,2 % der Frauen und 35,7 % der Männer die Empfehlung der WHO für mindestens 150 Minuten anstrengende Ausdaueraktivität (Lange, Finger, 2017, S. 11).

Somit ist die deutsche Bevölkerung überdurchschnittlich körperlich bei Ausdaueraktivitäten. Den Hinweis der WHO für muskelkräftigende Aktivitäten, mindestens zweimal pro Woche, erreichen gerade einmal 27,6 % der Frauen und 31,2 % der Männer in Deutschland. Beide Empfehlungen zusammen erreichen etwa ein Fünftel der Frauen (20,5 %) und ein Viertel der Männer (24,7 %) (Finger, Mensink, Lange & Manz, 2017, S.39).

Es ist deutlich zu erkennen, dass die sozioökonomischen Vorraussetzungen eine Rolle für Herz-Kreislauf-Erkrankungen spielen. Generell kommen Männer wie Frauen mit höherem Bildungsstatus zu mehr körperlicher Aktivität. Auch im geschlechterspezifischen Vergleich zeigen sich Unterschiede. Hier ist zu erkennen, dass sich Frauen weniger häufig bewegen als Männer.

Obwohl bekannt ist, dass Bewegung die einzige Universalmedizin ist und eine Leitlinie der WHO zur Verfügung steht, zeigen verschiedene Studien, dass es für mehr als die Hälfte der Deutschen ungenutztes Bewegungspotenzial gibt. Dieses Potenzial könnte auf den alltäglichen Wegen ausgebaut und genutzt werden. Außerdem bedarf es einer Bewusstmachung der Risiken von Bewegungsmangel, um die Motivation zu steigern und einer Anleitung für körperliche Aktivität sowie deren Umsetzung im Alltag.

2 Wirksamkeit körperlicher Aktivität

Tabelle 2: Übersicht: Muskel stärkende Aktivitäten und Risiko für Herz-Kreislauf-Erkrankungen, Typ 2-Diabetes, Krebs und Sterblichkeit (eigene Darstellung)

Literaturquelle	Giovannucci, E.L., Rezende, L.F.M. and Lee, D.H. (2021). Muscle-strengthening activities and risk of cardiovascular disease, type 2 diabetes, cancer and mortality: A review of prospective cohort studies. Journal of Internal Medicine, 290: 789-805.
Hintergrund und Fragestellung	Welchen Einfluss haben muskelstärkende Aktivitäten auf das Risiko von Herz-Kreislauf-Erkrankungen, Typ-2-Diabetes, Krebserkrankungen und Sterblichkeit?
Methodik	Es wurde eine Literaturrecherche durchgeführt und die vorhandenen Erkenntnisse aus großen vorausschauenden Studien über muskelstärkende Aktivitäten (d. h. Widerstands-/Gewichts-/Krafttraining) und das Risiko schwerer chronischer Krankheiten und der Sterblichkeit bei Erwachsenen, die zu Beginn der Studie im Allgemeinen frei von schweren Krankheiten waren, zusammengefasst.
Ergebnisse	Die aktuelle epidemiologische Evidenz deutet darauf hin, dass die Teilnahme an muskelkräftigenden Aktivitäten über ein bis zwei Sitzungen, etwa 60-150 Minuten pro Woche, mit einem verringerten Risiko für Herz-Kreislauf-Erkrankungen (ca. 20-25 % Reduktion), Typ-2-Diabetes (ca. 30 % Reduktion), Krebssterblichkeit (ca. 15-20 % Reduktion) sowie der Gesamtmortalität (ca. 20-25 % Reduktion) verbunden ist.
Diskussion	Die Daten sprechen für ein bis zwei Einheiten (bis zu 2,5 Stunden) pro Woche, die vorzugsweise ergänzend zu den empfohlenen aeroben Aktivitäten durchgeführt werden sollten. Weitere Studien sind erforderlich, um den Einfluss von Häufigkeit, Dauer und Intensität muskelstärkender Aktivitäten auf die wichtigsten Krankheiten und die Sterblichkeit in verschiedenen Bevölkerungsgruppen besser zu verstehen.

Schlussfolgerungen	Es kristallisieren sich eindeutig die positiven Effekte von muskelkräftigender Aktivität aus dem Review heraus. Schon bei ein bis zwei Sitzungen pro Woche sinkt das Risiko für Herz-Kreislauf-Erkrankungen, Typ-2-Diabetes, Krebs und Sterblichkeit.

Tabelle 3: Studienübersicht zu Rumpfstabilitäts- und Hüftübungen verbessern die körperliche Funktion und Aktivität bei Patienten mit unspezifischen Kreuzschmerzen (eigene Darstellung)

Literaturquelle	Kim B, Yim J. (2020). Core Stability and Hip Exercises Improve Physical Function and Activity in Patients with Non-Specific Low Back Pain: A Randomized Controlled Trial. The Tohoku Journal of Experimental Medicine, 251 (3), 193-206.
Hintergrund und Fragestellung	Verbessern Rumpfstabilitäts- und Hüftübungen die körperliche Funktion und Aktivität bei Patienten mit unspezifischen Kreuzschmerzen?
Methodik	Es wurde untersucht, wie sich Übungen zur Rumpfstabilität und zur Dehnung der Hüftmuskulatur auf die körperliche Funktion und Aktivität von Patienten mit unspezifischen Kreuzschmerzen auswirken. Bei Patienten mit unspezifischen Kreuzschmerzen sind die Hamstrings, der Iliopsoas, der Piriformis und der Tensor fasciae latae aufgrund einer schwachen Hüftabduktoren-, -strecker und Rumpfmuskulatur überaktiv. Die Rumpfstabilität ist für den korrekten Belastungsausgleich innerhalb des Beckens, der Wirbelsäule und der kinetischen Kette von wesentlicher Bedeutung. Und Rumpfstabilitätsübungen sind ein Übungsprogramm zur Behandlung von Lendenwirbelsäulen-Beschwerden. Es wurde untersucht, wie sich Übungen zur Rumpfstabilität und zur Dehnung der Hüftmuskulatur auf die körperliche Funktion und Aktivität von Patienten mit unspezifischen Kreuzschmerzen auswirkten. Die Patienten wurden nach dem Zufallsprinzip in drei Gruppen eingeteilt. Die Stretch-Gruppe (n = 24) führte Übungen zur Dehnung der Hüftmuskulatur für eine maximale Bewegung durch; die Strengthen-Gruppe (n = 22) führte Übungen zur Stärkung der Hüftmuskulatur unter Beibehaltung der maximalen isometrischen Kontraktion durch. Die Scheinbehandlungsgruppe (n = 20) erfolgte durch sanfte Berührung (Palpation) der Haut. Die Therapie wurde 6 Wochen lang dreimal wöchentlich durchgeführt. Zur Beurteilung der körperlichen Funktion wurden die Schmerzintensität, die Instabilität des unteren Rückens und die Flexibilität der Hüftmuskeln gemessen. Der Grad der Behinderung, die Gleichgewichtsfähigkeit und die Lebensqualität wurden gemessen, um die körperliche Aktivität zu beurteilen. Die Daten wurden vor der Intervention und bei der sechswöchigen Nachuntersuchung erhoben.
Ergebnisse	Bei allen Messungen ergaben sich signifikante Veränderungen innerhalb der Gruppe ($P < 0,05$).

	Die Gruppen "Dehnen" und "Stärken" erzielten größere Verbesserungen bei der Schmerzintensität, dem Grad der Behinderung, der Gleichgewichtsfähigkeit und der Lebensqualität als die Scheinbehandlungsgruppe. Die Instabilität des unteren Rückens und die Flexibilität der Hüftmuskulatur wurden in der Dehnungsgruppe am stärksten verbessert.
Diskussion und Schlussfolgerungen	Zusammenfassend lässt sich sagen, dass Rumpfstabilitätsübungen und Hüftmuskeldehnung die körperliche Funktion und Aktivität bei Patienten mit unspezifischen Rückenschmerzen wirksam verbessern.

3 Zielgruppe

In der folgenden Tabelle wird die Zielgruppe für das Konzept zur Prävention bewegungsmangelbedingter Gesundheitsprobleme bei Erwachsenen im Erwerbsalter durch gesundheitssportliche Aktivität definiert.

Tabelle 4: Zielgruppendefinition (eigene Darstellung)

Zielgruppenmerkmale	
Alter	• 18 bis 65 Jahre
Geschlecht	• Männlich • Weiblich
Allgemeiner Gesundheitszustand	• Gesund • Chronische Erkrankungen • Stoffwechselerkrankungen
Drei mögliche bzw. bestehende Gesundheitsrisiken/-belastungen	• Bewegungsmangel/Inaktivität • Berufsbedingte Erkrankungen (Physisch/psychisch/sozial) • Gemischte Gruppe ohne Auffälligkeiten
Bisheriges und aktuelles Bewegungsverhalten	• Unterhalb der Empfehlungen der WHO
Zwei Kontraindikationen	• Schwangerschaft • Medizinische Rehabilitationsmaßnahme

4 Ziele und Inhalte des Gesundheitssportkonzepts

Tabelle 5: Ziele und Inhalte des Gesundheitskonzepts (eigene Darstellung)

Gesamtziel		
Reduktion des Risikos für chronische Erkrankungen und Einschränkungen des Bewegungsapparates		
Zieldimension Gesundheitswirkung		
Kernziel	Teilziele	Inhalte
1 Stärkung physischer Gesundheitsressourcen	1. Steigerung der konditionellen Fähigkeiten, Kraft 2. Steigerung der konditionellen Fähigkeiten, Beweglichkeit	1. Verschiedene funktionsgymnastische Übungen (z.B. Kräftigung der Bein-, Rumpf-, Rücken-, Brust und Gesäßmuskulatur, sowie Beweglichkeitstraining durch Dehnübungen und der Faszienrolle) 2. Einführung in medizinischen Grundlagen für selbstständige Ursachenbehandlung im Alltag (Verstehen von Anatomie und Körperzusammensetzung)
2 Verminderung von Risikofaktoren	1. Reduzierung der sitzenden Tätigkeiten 2. Verminderung des Risikofaktors Bewegungsmangel	1. Vorstellung und Umsetzung von Alltagshelfern (z.B. App) für regelmäßige Bewegung nach längerer Sitzzeit 2. Mehr Bewegung in den Alltag integrieren, durch Treppen steigen anstatt Aufzug fahren oder eine Tram-Haltestelle früher aussteigen, um länger zur Arbeit zu laufen
3 Stärkung psychosozialer Gesundheitsressourcen	1. Minimierung der Stressfaktoren 2. Steigerung von Wohlbefinden und Lebensqualität	1. Widerstandsfähigkeit gegenüber Alltagsbelastungen (z.B. Stress) entwickeln 2. Stärkung des Einzelnen in Motivation, Disziplin, Selbstbewusstsein und Prozessliebe
4 Bewältigung von Beschwerden und Missempfinden	1. Vorbeugen von Herz-Kreislauf-Erkrankungen und Adipositas sowie Typ 2-Diabetes 2. Körperbeschwerden bewältigen durch	1. Hilfe zur Selbsthilfe durch funktionsgymnastische Übungen sowie Vorgehensweise bei (punktuellem) Schmerzempfinden (Step by Step Anleitung zur nachhaltigen Ursachenbeseitigung)

	Verbesserung des Körpergefühls	2. Wissensvermittlung der Vorteile von muskelkräftigenden Übungen und bewusstes „spüren" der Zielmuskulatur
Zieldimension Verhaltenswirkungen		
Kernziel	Teilziele	Inhalte
5 Aufbau von Bindung an gesundheitssportliche Aktivität	1. Dauerhafte Integration von Bewegung im Alltag 2. Bildung von positiven Kompetenzerwartungen 3. Transfer in den Alltag/Bewegung am Arbeitsplatz	1. Dehnübungen und Übungen auf der Faszienrolle zur Routine vor dem Schlafengehen hinzufügen 2. Bewusste Integration von Bewegung in den Alltag, durch Treppensteigen oder Fahrrad fahren.
Zieldimension Verhältniswirkungen		
Kernziel	Teilziele	Inhalte
6 Verbesserung der Bewegungsverhältnisse	1. Verringerung von chronischen Schmerzen bei Alltagsbewegungen 2. Bewegungsfreundliche Arbeitsbedingungen schaffen	1. Job-Rad kaufen (Arbeitgeber fördert Fahrradkauf) 2. Mit dem Fahrrad zur Arbeit fahren 3. Fußwege innerhalb des Unternehmens einbauen 4. Stündliche fünfminütige verpflichtende Pause zur Bewegung (auch im Team möglich)

4.1 Gesundheitssportkonzept Grobplanung

Die Grobplanung des Gesundheitskonzepts ist in Tabelle sechs beschrieben.

Tabelle 6: Kursplanung für das Gesundheitskonzept (eigene Darstellung)

Kursdauer	• Zwolf Wochen
Kurseinheiten	• Ein bis zwei Einheiten pro Woche • 60 Minuten pro Einheit
Zeitliche Aufteilung in Theorie und Praxis	• 15 Minuten Theorie • 45 Minuten Praxis
Max. Teilnehmerzahl	• 15 Teilnehmer
Ressourcen	• Indoor-Räumlichkeiten und Outdoorfläche

	• Equipment (für mindestens 16 Personen): Matten, Kurzhanteln, Gymnastikbälle, Widerstandsbänder, Blackroll Sortiment, Kettlebells, Holzstäbe, Tennisbälle, Wasserkasten, Schreibtischstuhl • Medien: App (z.B. für Trainingsplan und Trainingserinnerungen oder Teilnehmerunterlagen), Musikanlage, Bildschirm, digitaler Schrittzähler & Pulsmesser, der sich mit App verbinden lässt (einmalig verpflichtend zu erwerben)
Kursleiter/in	• Grundausbildung: Sportwissenschaftliches Studium oder vergleichbare Ausbildung • Zusatzqualifikation: Zwei Aufbauqualifikationen der BSA-Akademie in Fitness/Individualtraining (z.B. Trainer für Cardiofitness, Gesundheitstrainer) oder eine Profiqualifikation im Bereich Lehrer für präventives und rehabilitatives Training der BSA-Akademie (z.B. Trainer für präventives Rückentraining)

Das Konzept mit dem Gesamtziel der Reduktion des Risikos von chronischen Erkrankungen und Einschränkungen des Bewegungsapparates ist für einen Gesundheitskurs geplant. Der Kurs erstreckt sich über zwölf Wochen und beinhaltet ein bis zwei Einheiten pro Woche. Dieser wird je nach Krankenkasse auch teilweise übernommen. Außerdem sind die Patienten verpflichtet, an den Kursen teilzunehmen. Die jeweilige Krankenkasse legt die Anzahl der zu besuchenden Kurse für die zwölf Wochen individuell fest.

Die Kursteilnehmer werden nach der Anmeldung zum Kurs und Erwerb des digitalen Puls- und Schrittmesser mit der App vertraut gemacht.

So haben die Teilnehmer alle Unterlagen für die Krankenkasse, Trainingsunterlagen, und Kurszeiten sowie Termine in einer App zusammengefasst. Zudem können sie ihren Fortschritt in der App mitverfolgen. Für die Kursteilnehmer werden ausgebildete Sportwissenschaftler mit Zusatzqualifikation zur Verfügung gestellt. Diese wiederum können über den digitalen Puls- und Schrittmesser, der mit der App verbunden ist, sportliche und körperliche Aktivitäten der Teilnehmer genaustens einsehen. So kann das Training der Teilnehmer individuell gesteuert werden.

Die Unterrichtseinheiten dauern 60 Minuten pro Einheit. Die 60 Minuten werden nochmals in 15 Minuten Theorie und 45 Minuten Praxis aufgeteilt.

4.2 Gesundheitssportkonzept Detailplanung

Tabelle 7: Erste Uterrichtseinheit des Gesundheitskonzepts (eigene Darstellung)

UE 1	Thema	Lernziele	Lerninhalte	Methodik
Theorie	Möglichkeiten der Entstehung von Rückenschmerzen	• Wissensvermittlung: Aufbau der Wirbelsäule • Mögliche Ursachen von Rückenschmerzen	• Anatomischer Aufbau der Rückenmuskulatur • Aufbau der Wirbelsäule • Aufbau der Bandscheiben • Bewegungsmöglichkeiten	• Wissensvermittlung anhand eines WS-Modells • Partnerübungen (z.B. ertasten der WS) • Bewegungsmöglichkeiten der WS selbstständig erforschen • Bei welchen Alltagsbewegungen arbeitet die WS (z.B. Schuhe binden, Einkaufstaschen tragen, etc.)
Praxis	Präventive Übungen/Reduktion von Rückenschmerzen	• Integration der funktionsgymnastischen Übungen in den Alltag	• Strukturierte funktionsgymnastische Übungen: • Rumpfstabilisationsübungen • Beweglichkeitstraining (z.B. Hüfte)	• Anleitung durch Kursleiter • Selbstständiges Bewegungserlernen und Bewegungseinschleifen • Kontrolle & Korrektur der Bewegung durch Kursleiter • Umgang mit Alltagsnahen Bewegungen (z.B. Wasserkasten, Farmers Walk)

In den ersten 15 Minuten der ersten Unterrichtseinheit geht es um die Entstehung von Rückenschmerzen. Zudem wird anhand eines Wirbelsäulenmodells, Partnerübungen oder durch Eigenerfahrung der anatomische Aufbau, sowie Bewegungsmöglichkeiten der Wirbelsäule vermittelt.

Die Studie zu Rumpfstabilitäts- und Hüftübungen (Tabelle 3) lässt sich gut in die erste Unterrichtseinheit integrieren. Um den Leitlinien der WHO gerecht zu werden, eignet sich beispielsweise die Übung „Farmers Walk" besonders gut. Hierbei laufen die Patienten mit Gewichten an einem Arm durch den Raum. Somit wird mit der rumpfstabilisierenden Übung zum einen einne alltagsnahe Bewegung reproduziert, zum anderen das Laufmuster „Laufen" integriert.

Tabelle 8: Zweite Unterrichtseinheit des Gesundheitskonzepts (eigene Darstellung)

UE 2	Thema	Lernziele	Lerninhalte	Methodik
Theorie	Bewegungsmangel am Arbeitsplatz	• Wissensvermittlung von ergonomischem Sitzen • Folgen von Bewegungsmangel	• Auswirkungen von Sitzverhalten auf Bewegungsapparat und chronischen Erkrankungen	• Videoanalyse aus dem Berufsalltag • Wie erkenne ich Fehlhaltungen und korrigiere diese
Praxis	Übungen gegen Bewegungsmangel am Arbeitsplatz	• Integration der Übungen am Arbeitsplatz	• Funktionsgymnastische Übungen für „jeden Ort" (Kraft & Beweglichkeit) • Beckenkippung • Gezielte Anspannung der Rumpfmuskulatur • Atemübungen	• Spielerische funktionsgymnastische Übungen • Anleitung und Korrektur durch Kursleiter • Gruppenübungen um Motivation hochzuhalten und dass Übungen nicht in Vergessenheit geraten (Jedes Mitglied einer Gruppe merkt sich eine Übung)

In der zweiten Unterrichtseinheit wird durch Videoanalysen auf einem großen Bildschirm Fehlhaltungen analysiert und verbessert. Es geht hierbei im theoretischen Teil um die Bewusstmachung der Risiken von generellem Bewegungsmangel und Fehlhaltungen am Arbeitsplatz. In der Praxis werden funktionsgymnastische Übungen durchgeführt und durch mithilfe der Kursteilnehmer in den Arbeitsalltag integriert. Gezielte Beckenkippung, Rumpfansteuerung, Kraft und Beweglichkeitsübungen werden von den Kursleitern erklärt und korrigiert.

5 Literaturverzeichnis

American College of Sports Medicine. (2006c). *Resource Manual for Guidelines for Exercise Testing and Prescripiton* (5. Aufl.). Philadelphia: Lippincott Williams & Wilkins.

Cornelia Lange, Jonas D. Finger (2017). Gesundheitsverhalten in Europa-Vergleich ausgewählter Indikatoren für Deutschland und die Europäische Union. Journal of Health Monitoring, 2 (2): 3-15

Gilchrist SC, Howard VJ, Akinyemiju T; Suzanne E; Steven P. Hooker; Keith M. Diaz (2020). Association of Sedentary Behavior With Cancer Mortality in Middle-aged and Older US Adults. JAMA Oncology, 6 (8):1210–1217.

Giovannucci, E.L., Rezende, L.F.M. and Lee, D.H. (2021). Muscle-strengthening activities and risk of cardiovascular disease, type 2 diabetes, cancer and mortality: A review of prospective cohort studies. Journal of Internal Medicine, 290: 789-805.

Jonas D. Finger, Gert B.M. Mensink, Cornelia Lange, Kristin Manz (2017). Gesundheitsfördernde körperliche Aktivität in der Freizeit bei Erwachsenen in Deutschland. Journal of Health Monitoring, 2 (2): 37-42

Kim B, Yim J. (2020). Core Stability and Hip Exercises Improve Physical Function and Activity in Patients with Non-Specific Low Back Pain: A Randomized Controlled Trial. The Tohoku Journal of Experimental Medicine, 251 (3), 193-206.

WHO (2021). Cardiovascular diseases (CVDs). Zugrif am 27.12.2022. Verfügbar unter https://www.who.int/news-room/fact-sheets/detail/cardiovascular-diseases-(cvds)

WHO (2020). *WHO guidelines on physical activity and sedentary behaviour.* World Health Organization. Lizenz: CC BY-NC-SA 3.0 IGO

Wiemeyer J., Hänsel F., (2017). *Körperliche Aktivität. In Oertel V., Matura S., (Hrsgb). Bewegung und Sport gegen Bournout, Depressionen und Ängste.* Springer.

6 Tabellenverzeichnis

BEI GRIN MACHT SICH IHR
WISSEN BEZAHLT

- Wir veröffentlichen Ihre Hausarbeit,
  Bachelor- und Masterarbeit

- Ihr eigenes eBook und Buch -
  weltweit in allen wichtigen Shops

- Verdienen Sie an jedem Verkauf

Jetzt bei www.GRIN.com hochladen
und kostenlos publizieren